Dr Wolfgang Capito,

der

erste evangelische Prediger am Jungen St. Peter

in Straßburg.

Straßburg,

Gedruckt bei Wittwe Berger-Levrault.

1865.

Le Dʳ Wolfgang Capito,
premier prédicateur évangéli[que]
de Saint-Pierre le Jeune
à Strasbourg.

Strasbourg,
imp. de Vᵛᵉ Berger-Levrault
1865.

Dr Wolfgang Capito,

der erste evangelische Prediger am Jungen St. Peter
in Straßburg.

Gegen Ende des 15ten Jahrhunderts lebte in der freien Reichs=
stadt Hagenau, welche damals an der Spitze der zehn freien Städte
des Elsasses stand und der Sitz des kaiserlichen Landvogtes war, ein
ehrbarer, wohlhabiger Rathsherr, Hufschmied seines Berufs, Jo=
hann Köpfel genannt. Diesem gebar in demselben Jahre, in welchem
der Kaisersberger Doctor, Geiler, als Prediger an's Straßburger
Münster berufen wurde, im Jahr 1478, sein treues Weib Agnes, aus
adeligem Geschlecht, noch einen letzten Sprößling, der in heiliger
Taufe Wolfgang genannt wurde.

Der heranwachsende Knabe hörte im väterlichen Hause schon
Manches, von dem er „damals noch nicht wußte, wohin es zielte,"
aus dem er aber späterhin erkannte, „wie der Same Johann Hussens
und Hieronymi von Prag noch alleweg in deutscher Nation gewesen
und geblieben." Das Gehörte gereichte aber nicht bloß dem Sohne,
sondern auch dem Vater zum Segen, denn als dieser im Jahr 1500
im Sterben lag, und ein Mönch ihm die letzte Oelung anstrich, mit
den Worten: „Lieber Meister Hans, gedenket an alle eure guten
Werke, die ihr gethan habt," da wandte sich der Sterbende zum
Kreuz, das über seinem Bette an der Wand hing und sprach: „Was
guter Werke hab ich gethan! O mein Herr und Gott sei mir armen
Sünder gnädig!" und verließ sich allein auf die Gnade, „da ihn der

Seelenmörder auf seine eigene Werke abführen wollte,“ wie der da=
bei gewesene Sohn es später berichtete.

Seine erste gelehrte Bildung erhielt der junge Wolfgang in der
lateinischen Schule zu Pforzheim, und gut vorbereitet bezog er hier=
auf die Universitäten Freiburg, Basel und Ingolstadt, um nach dem
Wunsche des Vaters die Arzneiwissenschaft zu studiren. Er kaufte
seine Zeit fleißig aus, denn schon in seinem 20sten Jahre, im Jahr
1498, überreichte ihm die Freiburger Universität den medicinischen
Doctorhut. Hatte er aus Gehorsam gegen den väterlichen Willen
zuerst Medicin studirt, so ergriff er jetzt alsobald ein anderes Fach,
denn als er zwei Jahre später zu seinem sterbenden Vater eilte, da
war er einer der fleißigsten Schüler eines der gelehrtesten Rechtsge=
lehrten seiner Zeit, Zasius, und wohl mochte er seine Neigung noch
zu einem andern Studium geäußert haben, da der Vater ihn warnte,
doch ja „nicht unbedachtsamer Weise fremden Einflüssen oder eigener
Neigung folgend, sich in den geistlichen Stand zu begeben, da man
unter den geistlichen Herren nur höchst selten einen geistlichen Men=
schen finde.“

Nach dem Tode seines Vaters erwarb er sich in Ingolstadt den
Titel eines Magisters der freien Künste und veränderte von nun an
seinen deutschen Namen in den lateinischen Capito, dem er noch einen
anderen, Fabricius, vorsetzte, zur Erinnerung an den irdischen Beruf
seines Vaters. Hierauf hielt er sich vorzugsweise in Freiburg auf,
wo er sich einem litterarischen Vereine anschloß und nachdem er das
Recht ausstudirt hatte, zuletzt das Studium der Theologie ergriff.
Den 31sten Oktober 1511 wurde ihm das Decanat der freien Künste
übertragen und den 10ten November wurde er Licenziat der Theologie
und fing als solcher an Vorlesungen zu halten. Diese bezogen sich
aber auf gar trockene Gegenstände und boten den Studirenden wenig
für Geist und Herz dar, auch wurde er bald müde, wie er es an
Ulrich von Hutten schrieb, „leeres Stroh zu dreschen und die armen
Zuhörer Amts wegen geistig zu tödten.“

Willig folgte er daher einem Rufe der an ihn vom Bischof von
Speier aus erging, als Stiftsprediger in das Bruchsaler Benedicti=
nerstift zu ziehen. Dort geschah es, daß einige Monate nach seiner An=
kunft ein Franziskanermönch bei ihm eintrat, den er von Basel aus
kannte, und der seitdem in einem Kloster zu Pforzheim lebte. Nach
der ersten Begrüßung erging sich bald das Gespräch der zwei Freunde

über die kirchliche Lehre, und als Capito Pellican aufefgordert ihm frei und unumwunden seine Ansicht über Messe und Abendmahl aus= zusprechen, da that Letzterer dieses auf solch eine Weise, daß Capito voll Freude ihm zurief: „O wie hast du mir mein Herz erleichtert und er= freut, einen Gesinnungsgenossen in Dir zu erkennen, derjenigen Ansicht die ich schon lange als die wahre erkannt und die ich bis jetzt be= kämpft und unterdrückt, um sie bei gelegener Zeit zu offenbaren!" (11ten Okt. 1512.) Mit diesem Freunde kam er nun öfters zusammen, so wie mit einem andern, den er in Heidelberg kennen lernte, und der späterhin als Joh. Oecolampad der Reformator Basels wurde. Seine Klostergesellschaft hatte nämlich nichts Fesselndes für ihn; war doch die einzige Sorge der Stiftsherren die Verwaltung ihrer bedeu= tenden Güter! Als daher nach drei Jahren, im J. 1515, der Bischof von Basel, der seiner Geistlichkeit einen besseren Unterricht wollte er= theilen lassen, ihm eine Stelle in Basel anbot, da bedachte sich Capito nicht lange, zumal da kurz zuvor Erasmus, der gelehrteste Mann seiner Zeit, auch in jener Stadt sich niedergelassen hatte. Erasmus besorgte damals die Herausgabe des ersten Neuen Testaments im grie= chischen Grundtext, welchem er eine neue lateinische Uebersetzung bei= fügte, und da Capito die hebräische Sprache auf's gründlichste studirt hatte, so mußte er dem gelehrten Holländer behilflich sein, der von ihm die Uebersetzung aller Stellen aus dem Alten Testamente die im Neuen vorkommen, verlangte. Bald nach Erscheinen des erasmischen Neuen Testamentes gab Capito einen hebräischen Psalter heraus, so wie den ersten Theil einer hebräischen Grammatik, von welcher ein Jahr darauf ein zweiter Theil folgte, und solchen Anklang fand sie bei Jung und Alt, daß sie in wenig Jahren mehrere Ausgaben erlebte und allen späteren Werken zum Muster diente. Bezeichnend ist für Capito's Gelehrsamkeit und ehrbaren, frommen Wandel in jener Zeit ein Auszug eines Briefes den Erasmus, der seitdem nach Holland zurückgekehrt, von Antwerpen aus an ihn geschrieben: „Du stehst noch in der Blüthe der Jahre, voll Kraft und Frische, mit ausdauern= der Leibesconstitution begabt, ausgerüstet mit glücklichen Geistesan= lagen, scharfer Urtheilskraft, ausgezeichneter Kenntniß der drei Sprachen und einer Beredtsamkeit die dem Werke nicht allein ge= wachsen sondern ganz geeignet ist, dasselbe zu empfehlen und zu ver= herrlichen. Dabei lebt in deinem Busen ein brennender Eifer, der nichts sehnlicher wünscht, als sich um die Menschen verdient zu ma=

chen, und es kommt dir bei dem Allem, wenn nicht ein sehr großer, doch ein ansehnlicher und ehrbarer Vermögensstand zu gut. Es unterstützt dich ferner das Ansehen, mit welchem dich hauptsächlich deine Tugend und dann auch dein Amt als Domprediger, zu welchem der ehrwürdige Bischof Christoph an eines der berühmten Hochstifte dich berufen hat, so würdevoll bekleidet. Vor Allem aber bekleidet dich die Reinheit der Sitten und des Wandels, der tadellose Ruf in dem du so allgemein stehst, daß auch der frechste Verläumder es nicht wagen darf, dem Capito einen bösen Leumund zu machen."

Fünf Jahre verweilte Capito in Basel von 1515 bis 1520 und in diese Jahren fielen die ersten in die Oeffentlichkeit tretenden Anfänge der Reformation. Capito, der seit er in Basel angekommen über den Matthäus predigte, die griechischen Kirchenväter studirte und mit Zwingli in Verbindung stand, begrüßte mit Freuden die Erscheinung der ersten Schriften Luthers. Drei Monate nachdem dieser seine Thesen angeschlagen hatte, stand Capito mit ihm im Briefwechsel, ja im Oktober 1518 erschienen zu Basel bei Froben alle seit einem Jahr erschienenen Schriften Luthers, und Capito hatte ein Vorwort dazu geschrieben und darin den Wunsch ausgesprochen, daß doch alle Theologen bei dieser Gelegenheit aus ihrem Schlafe erwachen und allen Mönchsträumereien den Abschied und die evangelische Weisheit jeder anderen vorziehen möchten. Es wollte ihm einen Augenblick scheinen, als ob Luther leiser auftreten sollte und er schrieb auch in diesem Sinne an ihn; als er aber erfuhr wie heldenmüthig sich der Wittenberger Mönch gegen den päpstlichen Legat in Augsburg vertheidigt, da schämte er sich seines Rathes und schrieb ihm den 18ten Februar 1519, daß gar Manche in der Schweiz bereit wären ihn zu versorgen; ja er forderte Erasmus durch dessen Rath er sich hatte verleiten lassen das Frühere an Luther zu schreiben, auf, „doch ja nicht Luthers Sache öffentlich zu verkleinern oder zu nichte zu machen" (8ten April 1519).

Unterdessen war auch Kaiser Maximilian I. mit Tod abgegangen (12ten Jan. 1519) und Karl V. als sein Nachfolger erwählt worden. Dieser Thronwechsel brachte auch für Capito eine Veränderung in seiner Stellung mit sich; seine schweizerischen Freunde, die Bischöfe von Basel und Sitten forderten ihn auf, sich für eine der geistlichen Pfründen zu melden, welche der neuerwählte Kaiser zu vergeben hatte. Als er bei dem Erzbischof von Mainz sich darum meldete, erhielt er

nicht bloß eine Pfründe in Basel, sondern wurde vom Erzbischof sel=
ber als Hofprediger und geistlicher Rath ernannt. Es kostete ihn großen
Kampf Basel zu verlassen, wußte er doch, daß er in Mainz nicht
fände was er in der Schweiz zurückließe; doch hoffte er viel von dem
jungen dreißigjährigen Erzbischof, den er dem Evangelium nicht
feindselig dachte und von dem er meinte, daß er als der erste Erz=
bischof Deutschlands sich an die Spitze der evangelischen Bewegung
stellen sollte. Ehe er Basel verließ, nahm er noch den Doctorsgrad
im canonischen Recht, um, wie er im November 1519 darüber schreibt,
„sich durch diese Würde mehr Autorität zu geben.“

Im Monat März 1520 ließ er nun all sein Sach auf ein Schiff
laden und fuhr den Rhein hinunter, nicht ohne daß das Basler Volk
sich damit sehr unzufrieden gezeigt. „Das Volk, schrieb Hedio an
Zwingli den 17ten März, ist zum Theil ganz im Aufstand und voller
Entrüstung gegen die Priester, die einen solchen Mann ziehen lassen,
der so grundgelehrt, was seine Wissenschaften, so apostolisch und un=
tadelig ist, was seinen Wandel betrifft. — Die Mainzer werden ihn
mit offenen Armen aufnehmen. Der Cardinal hat ihn unter den
glänzendsten Bedingungen eingeladen und zeigt, daß er dieses Werk=
meisters nicht entbehren will.“

In Mainz predigte nun Capito in dem alten Dome vor einer zahl=
reichen Menge; bald aber wurde er mit Geschäften aller Art über=
laden, so daß er ernstlich daran dachte seine Dompredigerstelle nieder=
zulegen, besonders seit er zum geheimen Rath vorgerückt war. Dennoch
wußte er seine Stellung auch für die Sache des Evangeliums zu be=
nützen, wie denn Hedio den 15ten Oktober 1520 an Zwingli schrieb:
„Du kannst Dir nicht denken, wie viel Nutzen er in dieser neuen
Stellung schafft. Luther wäre in dieser Gegend schon längst ver=
brannt und die lutherische Lehre verbannt, wenn er nicht den Fürsten
eines Andern überzeugt hätte.“

In jener Zeit war der Probst zu St. Thomä, Jakob Reichshoffer,
gestorben, und Capito zu seinem Nachfolger von auswärtigen hoch=
stehenden Personen vorgeschlagen worden; von Straßburg aus wurde
aber gegen ihn Einsprache gethan, so daß der Erzbischof von Mainz
sich drein legte und den Papst aufforderte, doch seinem geheimen
Rath „der Seiner Heiligkeit gute Dienste leisten könnte,“ zu der
Stelle zu verhelfen, welche er ihm bereits zugedacht. Als dann am
22sten Okt. 1520 Kaiser Karl zu Aachen gekrönt wurde, da war

auch Capito einer der Festgenossen, als Erzkanzler seines Erzbischofs, und da alsobald nach der Krönung der Kaiser einen Reichstag auf Beginn des Jahres nach Worms ausschrieb und Luther vorgeladen werden sollte, manche aber letzteres nicht gerne sahen, so war es Capito der es von seinem Herrn erlangte, daß er darauf drang Luther mit einem freien Geleitsbrief nach Worms zu berufen.

Den 18ten April 1521 hatte sich auch Capito unter der zahlreichen Versammlung eingefunden, vor welcher der Wittenberger Mönch sein evangelisch Zeugniß ablegte, und „durch die Barmherzigkeit Gottes Kaiserliche Majestät bat, ihn mit apostolischen und prophetischen Schriften zu überweisen, daß er geirret, alsdann wolle er ganz willig und bereit sein, allen Irrthum zu widerrufen und der Erste sein, der seine Bücher ins Feuer werfe," und als solches nicht geschehen, feierlich betheuerte, „daß er nicht widerrufen könne noch wolle, weil weder sicher noch gerathen sei etwas wider das Gewissen zu thun."

Von Aachen begleitete er seinen Herrn nach der Moritzburg bei Halle; dort kam ihm die Ernennung zum Probst von St. Thomä zu Straßburg zu; von dort aus ließ er auch durch Procuration von dieser neuen Stelle Besitz nehmen (25sten Aug. 1521); von dort aus reiste er nach Wittenberg um mit Melanchthon sich zu besprechen, da er vernommen, daß Luther gegen den Erzbischof auftreten wolle, der in Halle einen Ablaß hatte verkündigen lassen. Capito meinte nämlich, Luther sollte seine persönliche Heftigkeit mäßigen, durch kluges Zurückhalten würde er diejenigen besiegen, die er durch Ungestüm nicht überwältigen könne, und bat daher, man möge den Cardinal mit Rücksicht und Schonung behandeln. Melanchthon urtheilte damals über ihn, „daß er ein redlicher, wohldenkender Mann sei, der aber eher dazu gemacht sei in häuslicher Stille dem Studium und den Wissenschaften obzuliegen." Capito nicht zufrieden mit Melanchthon gesprochen zu haben, begab sich auch noch an den sächsischen Hof, um ein Gleiches zu thun wie in Wittenberg. Trotzdem wandte sich Luther an den Erzbischof um ihn zu bitten, sich doch als einen Bischof, und nicht als einen Wolf zu erweisen, und den „hallischen Abgott," wie er den Ablaß nannte, abzuthun, wo nicht so werde er sein Büchlein gegen ihn ausgehen lassen, und der mächtig gewordene Mönch gab dem Erzbischof vierzehn Tage Bedenkzeit. Und siehe den 21sten Dezember 1521 zeigte der erste Erzbischof Deutschlands dem gefangenen Doktor an, „die Ursache seines Schreibens sei abgethan," und er „wolle sich künftighin als einen frommen, geistlichen und christlichen Fürsten erweisen." Den 17ten Januar 1522 wandte sich aber Luther an Capito und warf ihm „Heuchelei und Verleugnung christlicher Wahrheit" vor, da ihm der Brief des Erzbischofs nicht aufrichtig vorkam; „sobald ich seiner Aufrichtigkeit sicher bin, werde ich ihm gerne mich zu Füßen legen. Lebe wohl, mein Capito, und glaube an die Aufrichtigkeit meines Herzens gegen dich."

Dieß Alles beunruhigte den gelehrten, mit Geschäften überladenen, friedliebenden Mann der Art, daß er sich oftmals aus seiner Umgebung heraussehnte und es beklagte, daß er das Predigen aufgegeben, um sich in so mancherlei zerstreuende Geschäfte einzulassen. Schon zur Zeit des Wormser Reichstags hatte ihn ein Brief von einem Basler Freunde, Bonifacius Auerbach sehr bearbeitet, und in einem Briefe den er den 16ten Januar 1522 schrieb, klagt er: „Ich nage Tag und Nacht, meinem herben Schicksalsschlusse gemäß, an der bittern Berufswurzel. Wie? oder soll meine Redlichkeit und Einfalt ewig, wegen fremder Unbeständigkeit in Kummer und Sorgen stehen? Ich werde diesen Unruhen alsobald ein ewiges Lebewohl sagen, und will so fliehen, daß ich des rechten Weges nicht verfehle. Welch eine unerhörte Bewegung und Verwirrung aller Dinge, der ich mich so viel wie möglich entziehen werde, damit sie mich nicht in ihr Netz fange."

Unterdessen hatte Capito vernommen, daß seinem Freunde Oecolampad, der trotz seiner Bitten, im Jahr 1520 in ein Kloster zu Augsburg getreten, die größeste Gefahr drohe. Da begehrte er einen zweimonatlichen Urlaub um zu seinem Freunde zu eilen; unterwegs aber begegnete er ihm zu seiner größten Freude, und da dieser sich auf das Schloß Ebernburg zu Franz von Sickingen begab, so beschloß Capito seiner Reise ein andres Ziel zu geben. Er besuchte in Straßburg seine Stiftscollegen, sah in Basel seine dortigen Bekannten wieder und kehrte über Straßburg zurück. Nun vernahm er aber, daß Luther die Wartburg verlassen und in Wittenberg aufgetreten sei; da dachte er den theuern Mann, der ihn wohl scharf getadelt, persönlich aufzusuchen und sich mit ihm auszusprechen und in einem Briefe an Beatus Rhenanus heißt es: „Am 12ten März war Fabricius Capito hier, um, wie man sagte, sich mit Luther zu versöhnen. Beide stehen wieder auf dem besten Fuße und in bester Eintracht mit einander. Capito fängt an demjenigen, was ihm früher

mißfallen, seinen Beifall zu schenken; er hat Luther in der Gemeinde=
kirche öffentlich predigen gehört und da haben wir ihn zufälliger
Weise auch gesehen." —

Noch einmal kehrte er an den Hof des Mainzer Churfürsten und
Erzbischofs zurück, und wollte es noch einmal versuchen seinen Herrn
für's Evangelium zu gewinnen, und nach einem Briefe zu urtheilen
den er nach Wittenberg schrieb, hatte er die beste Hoffnung, daß es
ihm dennoch gelingen würde. Ja, als im Monat Dezember der Reichs=
tag sich zum zweitenmale im Jahr 1522 in Nürnberg einfand, und
der päpstliche Legat nicht bloß den Tod Luthers begehrte, sondern
auch, daß die evangelischen Prediger Nürnbergs gefänglich eingezo=
gen würden, da begab sich der Mainzer Cardinalbischof mit dem
Markgrafen Casimir zu ihm um ihn dringend zu bitten von solchem
Vorhaben abzustehen, und als der Legat den Gehorsam gegen päpstli=
chen Befehl voranstellte, so erklärten die beiden, sie würden Nürn=
berg eher verlassen, als Zeugen einer solchen That zu sein, und der
Legat gab nach. Solches freimüthige Wort konnte allerdings Capito
erfreuen und seine Hoffnung auf guten Erfolg nur um so mehr stärken.

Wenn er daher auch noch zur Seite des Bischofs blieb, so geschah
es nur weil er dachte dieses Mittel nicht unbenützt lassen zu dürfen,
um durch den mächtigsten Kirchenfürsten Deutschlands dem Evange=
lium die Thüre zu öffnen. Seine evangelischen Ueberzeugungen wur=
den immer fester, und als er hörte, daß Erasmus gegen Luther
schreiben wolle, da schrieb er an den Ersteren, solches möge er doch
ja nicht thun; „es wären ganz andere Gegner für ihn zu bekämpfen;
die Bewegung sei der Art, daß entweder die Welt untergehen oder
christlich werden müsse." Einem, um des Evangelii willen verfolgten
Ritter Hartmuth von Kronberg schrieb er von Nürnberg aus einen
gar trostreichen Brief, in welchem es unter anderem heißet: „Gottes
Kinder, wenn sie in Angst und Trübsal sind, suchen sie Gott und die
Lehre seines Wortes." — „Eines sollen wir uns befleißigen, lieber
Junker, daß uns nämlich die Welt um des Namens Jesu willen und
nicht aus anderen Ursachen verwerfen möge." — „Wir hoffen, Gott
werde sein Wort von der Welt nicht wegnehmen, sondern seine Hand
bald erheben und demüthigen alle widerwärtige Gewalt und selbige
zur Erde niederwerfen. Inzwischen sollen wir Gott bitten, daß er
uns wolle würdig machen seinen Namen vor den Völkern zu tragen
und verhüten, daß wir durch Kleinmuth oder Unglauben nicht zu=

rücktreten; denn Niemand ist seiner dort würdig, der hier, so er die Hand an den Pflug geiegt, zurückschauet: es muß zu den fürgesetzten Dingen geeilet werden."

Nun war aber auch für ihn der Tag gekommen, wo er erkannte, daß er nicht mehr länger in seiner hohen Stellung beharren sollte; wohl hatte der Erzbischof Alles aufgeboten ihn noch fester an sich zu binden, da er ihn am 17ten Februar 1523 mit allen dazu erforderlichen Feierlichkeiten und kaiserlichen Diplomen in den Adelstand hatte erheben lassen. Nichts konnte Capito mehr zurückhalten; nach beendigten Geschäften des Reichstags eilte er gegen Ende des Monates März 1523 nach Straßburg.

Hier predigte bereits Matthis Zell das Evangelium in der Lorenzenkapelle im Münster, und auch in den Kirchen zum Alten St. Peter, zu St. Martin und zu St. Thomä hatten Theobald Schwarz, Symphorian Pollio und Anton Firn ihre Stimmen für Gottes Wort und Gottes Lehre erhoben. Von seinen Stiftscollegen wurde aber Capito nicht auf's freundlichste empfangen, und auch die Stadt schien dem friedlichen Manne gar sehr aufgeregt und entzweit, also daß er sich anfänglich nicht recht wohl in ihr fühlte und sich bereits dahin ausgesprochen, daß er noch einen Monat zusehen wolle, und dann zu seinem Fürsten wieder zurückkehren, der wiederholt ihn dazu aufgefordert.

Doch nein — nicht zurückkehren sollte er; wohl aber durch's Feuer der Trübsal geläutert werden und dann zum Segen Straßburgs bis zu seinem Ende in ihm weilen! Auf seine Ehrenstellen hatte er verzichtet, und nun hieß es, daß der Papst von seinen Gegnern bearbeitet, den Befehl erlassen, die Probstei zu St. Thomä solle Capito wieder entzogen werden; was sollte dann aus ihm werden da er sein früheres Vermögen in seinen hohen Stellungen beinah aufgezehrt hatte? Dennoch schrieb er an Erasmus, „wenn er auch keinen Heller Vermögen habe, so wolle er lieber ehrlich hungern, als gezwungen sein alle Tage ein anderes Gesicht zu machen" (18ten Juni 1523), und an demselben Tage schickte er dem Churfürsten von Mainz sein förmliches Entlassungsbegehren ein. Drei Wochen später (7ten Juli 1523) kaufte er sich dann das Bürgerrecht, da er sonst von Niemand mehr geschützt wäre. Doch Schwereres noch als die Umtriebe seiner Feinde sollte er von Seiten derjenigen erfahren, welche eigentlich seine Freunde sein sollten. War er diesen noch nicht entschieden genug,

ober aus welcher anderweitigen Ursache es geschehen, plötzlich erschie=
nen bei seinem Verwandten, dem Buchdrucker Köpfel die Briefe,
welche das Jahr zuvor Luther an ihn geschrieben und in welchen der
Gefangene auf der Wartburg den in hohen Ehren stehenden Capito
hart angegangen. Das schmerzte diesen sehr, da er sich doch seitdem
mit Luther ausgesprochen, und schrieb eine Vertheidigung seines
bisherigen Verhaltens nicht ohne da und dort sich offen und frei=
müthig selbst anzuklagen, die aber nicht im Druck erschien.

Zu gleicher Zeit griff er auch thätig in die religiöse Geschichte
Straßburgs ein. Als den 6ren Juni das Capitel zu St. Thomä den
Pfarrer Anton Firn vorlud, und ihm Vorwürfe über seine Predig=
ten machte, da nahm sich Capito seiner an und erklärte, „daß er das
Evangelium und die Wahrheit dem Volke predige, daran könne
ihn Niemand hindern." Und bald darauf bestieg Capito, der gelehrte
Chorherr, selber die Kanzel und predigte zum großen Erstaunen der
Menge mehrere Mal hinter einander. Jetzt fing Erasmus über ihn
zu witzeln an, und der alte Wimpheling aus Schlettstadt wandte sich
brieflich an ihn um ihn zu fragen, wie es möglich sein könne, daß er,
der gelehrte Mann, in Widerstreit treten wolle mit so vielen Gelehr=
ten der vergangenen Jahrhunderte. Was aber den Probst zu St.
Thomä zu diesem wichtigen Schritte bewogen, das erzählt er selber
ausführlich in seiner „Entschuldigung an den hochwürdigen Fürsten
und Herrn Wilhelm Bischof zu Straßburg und Landgrafen zu Elsaß."
Da er in Straßburg so viel Aufregung wahrgenommen, sei er zu
Matthis Zell gegangen, um diesen aufzufordern lieber anderswohin
zu ziehen, weil durch seine Predigten, wenn sie auch auf Gottes Wort
beruhen, so viel Streit und Zwietracht entstanden. Darauf habe ihm
aber Zell der Art und mit solchen Gründen geantwortet, daß er nichts
mehr wider ihn vorbringen konnte, denn ob er ihn gleich von früher
her gekannt, hätte er sich's nicht bereden lassen, daß dieser Zell „eines
solchen Wissens, Verstandes und Geistes, einer solchen Uebung und
Erfahrung in der Schrift wäre, wenn er solches nicht in der unvor=
hergesehenen Antwort genugsam und überflüssig dargethan hätte."
Und so habe er sich gedrungen gefühlt auch aufzutreten und das Volk
zu belehren, und habe das um so williger gethan, „weil in Straß=
burg und im Reich Manche sind die glauben, daß ich mich des Wor=
tes Gottes schäme, und wenn ich durch mein Leben, meinen Aufent=
halt zu Hofe, Manche verletzt, so wollte ich hier durch öffentliche Pre=

digt das Gegentheil beweisen und öffentlich bezeugen, daß ich mich des Wortes nicht schämte, daß es mir und allen Christen die Kraft Gottes und ein Schatz aller Weisheit wäre."

Bald darauf forderte man den friedlichen und doch gewaltigen Prediger auf, auch des Nachmittags zu predigen, und trotz Arbeit und Leibesschwachheit ließ er sich dazu bewegen, besonders da nach dem Tode Sickingens Manche meinten, daß „das Evangelium jetzt aus sei." Und nun nahm er sich des Predigens erst recht an.

Mehrere Monate bevor Capito nach Straßburg gekommen, hatte der Domprediger seine Stelle niedergelegt und Kaspar Hedio, Domprediger in Mainz, war als Nachfolger vorgeschlagen worden. Capito's Freunde dachten die Stelle sollte eher dem 14 Jahre älteren Manne, der bereits zwei ähnliche Stellen bekleidet hatte, zukommen, und Capito hätte sich auch ganz bereit dazu gefunden. Hedio wurde aber dennoch Capito vorgezogen. Willig verzieh dieser dem jüngeren Freunde, daß er sich nicht zurückgezogen, „unter der Bedingung, daß er das Evangelium offen und rein verkündige."

Nun erklärte ein Dorfpriester vor der geistlichen Behörde, daß er aus der Schrift beweisen wolle, daß Capito und Zell Ketzer, ersterer auch noch wegen seiner Predigt ein Bösewicht sei. Capito wollte schweigen; als aber der Richter aufforderte, wo man etwas gegen diesen Priester vorzubringen hätte, so möge man es innerhalb sieben Tage thun oder ganz schweigen, und das Gerücht sich verbreitete, dieses gelte dem Probst, so erklärte dieser, daß er mit Zell erscheinen würde. Der Richter wandte sich nun an den Rath, dieser möge doch verhindern, daß das durch Capito aufgeregte Volk den Priester überfalle, und zwei Glieder des großen Raths begaben sich zu dem Ende zum Probst, der über die falsche Aussage des Richters sehr erstaunte. Die beiden Freunde begaben sich hierauf zur städtischen Obrigkeit um von ihr zu begehren, daß ein Tag anberaumt würde, an welchem sie sich öffentlich gegen die Anklagen vertheidigen könnten, „zu Friede und Einigkeit, Aufgang der Wahrheit und der Ehre Gottes." Der Rath erkannte, daß etwas geschehen müsse und forderte die Prediger auf, die streitigen Punkte aufzusetzen und sie mit ihrer Bewährung einzureichen. — Ehe aber solches geschehen, that der Pfarrer zu St. Thomä einen auffallenden Schritt; den 18ten Oktober 1523 erklärte er seiner Gemeinde, daß er von Gewissenswegen und da er zu besserer evangelischer Ueberzeugung gelangt, sich in den

Stand der Ehe begeben werde, und ob gleich der Bischof das Capitel von St. Thomä aufgefordert, gerichtlich gegen Pfarrer Anton Firn zu verfahren, begab sich dieser den 9ten November in das Münster, um dort von Matthis Zell eingesegnet zu werden. Als ihn der Bischof deßwegen absetzen wollte, wandten sich die Pfarrkinder von St. Thomä an den Rath, mit der Bitte, solches doch nicht zuzugeben, und ihre Schrift ist wahrscheinlich durch Capito verfaßt worden.

Den 11ten November 1523 schrieb er sodann eine ausführliche Entschuldigung an den Bischof, in welcher er auseinandersetzte warum er Bürger geworden, warum er geprediget und warum er eine öffentliche Besprechung begehrt habe. Worüber aber die Besprechung statt finden sollte, das sagt er unter Anderm in folgender Stelle: „Unsere Sache handelt allein von den nöthigen und unabläſſigen Dingen, als von Christo, vom Evangelio, vom Gesetz und der Gnade, kurz von solchen Dingen, die nicht von den Gelehrten in den Schulen hoch zu zu disputiren, sondern den Einfältigen steif zu glauben und auf den Dächern zu predigen sind; ohne welche Niemand selig wird. Die Hauptsumme unsers Spans (Streites) ist nicht weitläufig, sondern besteht allein in diesen Worten, daß wir unsre Hoffnung setzen auf den lebendigen Gott, der da ist aller und vorab der Gläubigen Heiland. Wir sind gewiß, und ist von uns als köstlich und achtbarlich angenommen, daß Christus Jesus in die Welt gekommen, die Sünder selig zu machen, welcher unsere Erlösung schon einmal erfunden hat. Der Verstand von diesem ist derselbe allenthalben in allen Zungen durch die ganze Welt. — Wer uns will von Gott abwenden, dem widerstehen wir, als unserm Hauptfeinde, mit dem Schwert des göttlichen Wortes; wir bringen an den Tag was vom Teufel ist, was wider unsern Glauben und unser Vertrauen zu Gott dem Herrn ist. Ob wir darüber leiden müſſen, so wollen wir auf Gottes Gnade und Beistand hoffen.“ —

In welchem Ansehen bereits damals Capito unter dem Volke stand, beweist eine Stelle eines Briefes, in welchem der Rechtsgelehrte Gerbel im Monat Oktober oder November 1523 an seinen Freund Schwebel berichtet: „Gestern hat unser Probst Capito unter dem Zusammenströmen einer zahllosen Menge, zu St. Thomä die Epistel zu den Colossern angefangen auszulegen. Den Papisten ist das Herz entfallen. Du kannst Dir nicht denken, wie groß und wirksam das Ansehen Capito's bei dem ganzen Volke ist. Gott gebe sein Gedeihen dazu,

wie ich dann guter Hoffnung bin." Es macht einen wahrhaft be=
schämenden Eindruck, wenn man liest wie in jenen Tagen Prediger
und Zuhörer von demselben Eifer ergriffen waren und wie im Dezember
1523 die Prediger eine Bitte an den Magistrat einreichten, er möge
ihnen gestatten täglich biblische Vorlesungen halten zu dürfen.
Butzer machte sich an die Erklärung des Evangeliums Johannis und
Capito nahm das Alte Testament vor.

So nahete das denkwürdige Jahr 1524, in welchem gewaltige Wet=
terwolken über der Kirche Straßburgs aufstiegen, von Gottes gnädi=
ger Hand aber vertheilet wurden.

Den 1sten Januar trat Capito in den völligen Besitz seiner Probstei
und leistete den darauf bezüglichen Eid. Dem Beispiele Butzers und
Firns hatten einige andere Prediger gefolget und waren in den
Stand der Ehe getreten; sie folgten aber auch dem des noch unver=
heiratheten Probstes und ließen sich als „Bürger" aufnehmen. Als da=
her gegen die sieben verheiratheten Pfarrherrn der Bischof von Zabern
aus einen Befehl erlassen (Ende Jan. 1524) vor seinem Gerichte zu
erscheinen, wandten sich diese an den Rath und entboten sich vor ihm
als „Bürgen" wegen der erhobenen Klage gegen sie zu Recht und Ver=
theidigung zu stehen. Andererseits las den 16ten Februar 1524 Pfarrer
Firn zu St. Thomä die erste deutsche Messe und den Tag darauf ge=
schah ein Gleiches im Münster. Nun wurde der Rath vom bischöfli=
chen Vicar aufgefordert „solche Gräuel" nicht zu dulden. — „Gräuel
wolle er nicht dulden, antwortete der Magistrat; die Prediger erklär=
ten aber, daß sie dem Worte Gottes gemäß handeln; die Sache müsse
also untersucht werden und zu dem Ende sollte man von beiden Sei=
ten zusammenkommen um sich zu besprechen."

Unterdessen hatte die Gemeinde zum Jungen St. Peter ihr Augen=
merk auf den hochgelehrten, vielbeschäftigten Probst zu St. Thomä
gerichtet und sich ihn zu ihrem Prediger gewählt. Dem Rath wurde
durch fünf Abgeordnete die Anzeige gemacht, daß auf Sonntag Lätare
den 6ten März der neue Pfarrer auftreten solle. „Den Probst solle das
Stift nicht predigen lassen, er selber werde schon was billig und recht
ist fördern," so lautete die Antwort. Die Gemeinde wartete, doch
lange vermochte sie es nicht, und in der Charwoche begaben sich bei
hundert Mitglieder zu dem Ammeister um die Sache zu betreiben.
Dieser beruhigte sie und der Rath besprach sich nun alsobald mit dem
Stift, daß es den Probst von Ostern bis Johannis predigen ließe.

Mittlerweile hatte der Bischof dem Rath angezeigt, daß, da die sieben verheiratheten Prediger sich bei ihm nicht eingefunden, er dem Gesetze freien Lauf lassen würde, und den 12ten März hatte er über sie den Bann ausgesprochen.

Nicht genug! in der Charwoche fielen Capito die hundert „Wunderreden" in die Hände, welche der Augustinerprior Conrad Treger gegen die evangelischen Prediger geschrieben, außerhalb Straßburg in großer Anzahl verbreitet und dabei die Behauptung mit ausgesprochen, diese Prediger hätten die verlangte Besprechung nicht angenommen. Troß gehäufter Geschäfte schrieb Capito alsobald „im Namen der Diener des Worts und Brüder zu Straßburg" an Treger und bat ihn sich zur Besprechung auf den andern oder dritten Tag einzufinden, und drei angesehene Bürger überbrachten ihm das Schreiben. Dieser aber weigerte sich zu erscheinen, da er die Einwilligung des Bischofs haben müßte. Nun machte sich Capito an ein anderes Schreiben, in welchem die „Brüder von Landen und Städten gemeiner Eidgenossenschaft" gewarnt werden sollten vor dem Gebahren Tregers. Kaum hatte er sie aber angefangen, als noch etwas anderes seine Aufmerksamkeit in Anspruch nahm. Den 3ten April, am Sonntag nach Ostern hatte der Bischof den oben erwähnten Bannfluch am Münster anschlagen lassen. Alsobald versammelten sich die evangelischen Prediger bei Matthis Zell und setzten eine „Appellation" auf vom Bischof an ein frei christlich Concil, und wohl wird die Einsicht und Erfahrung Capito's nicht von geringem Nußen dabei gewesen sein. Für Capito sollte es aber noch bedenklicher werden. Den Tag nachdem diese Appellation einem kaiserlichen Notar eingehändigt worden, wurde Capito seine Pfarrstelle wieder aufgekündigt, und das Gerücht verbreitet, die evangelischen Pfarrer müßten die Stadt verlassen. Darüber entstand großer Lärm unter dem Volk, und es wurden Stimmen laut, daß wenn die Pfarrer ausgewiesen würden, sich die geistlichen Herren aufs Aergste gefaßt machen könnten. Capito schonte nun keinen Gang, um die Gemüther zu beruhigen und erhielt von den Bürgern die Vollmacht mit dem Rath zu unterhandeln. Am Samstag sollte er vor Rath erscheinen. Auch Bußern sollte die Pfarrei von St. Aurelien nicht werden. Capito begab sich zu dem Grafen von Leiningen, dem Aeltesten des Stifts, welches sie zu besetzen hatte, und wurde auf Freitag beschieden; als er zu ihm zurückkehrte, überfiel ihn dieser und wollte

ihn erstechen. „Aber Gott hat mich geschützt. Es war ein gefähr-
licher Stand, aber, obgleich mir nicht ganz wohl war, habe ich
keine Miene verändert, bin auf gerader Bahn unserer Sache geblieben, eingedenk, daß auch die Haare auf meinem Haupte alle gezählet
sind, und daß ich fallen oder davon kommen würde, wie es dem Vater wohlgefällig, der seinem Kinde nichts Böses wollen, und ohne
dessen Wille kein Ungemach dasselbe treffen kann."

Und nun folgte der Samstag, und Capito erschien vor Rath. Er
redete mit großer Freimüthigkeit, und als die Rathsherren fünf
Stunden lang sich berathen, wurde Capito seine Pfarrstelle von
Neuem zuerkannt. — So hatte der Herr geholfen!

Aus seiner „Warnung der Diener des Worts und Brüder zu
Straßburg, an die Brüder von Landen und Städten gemeiner Eidgenossenschaft" stehen hier nur zwei Stellen: „Die ganze Summe seiner
Disputation (Tregers) stützt sich darauf, daß die Schrift der Evan-
gelisten und Apostel ungewiß und irrige Menschenschrift sei, die keine
Anleitung des Glaubens habe, wenn sie nicht von der Kirche unterstützt werde, welche allein die unsträfliche Regel des Glaubens dar-
reicht, allein dessen Heimlichkeiten offenbart, als ob er sprechen
wollte: Ob schon in der Apostel Schriften angedeutet ist was zum
Glauben gehört, so hat es doch um der Apostel Untüchtigkeit willen,
kein Ansehen, die Kirche bekräftige es denn und gebe ihm die Würde
daß es wahrhaftige und göttliche Schrift sei. — Denn wer wollte
nicht lieber glauben der dreifachen Krone, den geehrten Purpur-
mänteln und rothen Filzhütlein, als den armen Fischern Petrus und
Johannes, dem verachteten Zöllner Matthäus, und dem so oft verzag-
ten, verdammten, umherschweifenden und mit Ruthen gehauenen
Paulus, und vorab, dieweil Bruder Conrad kein Geist in sich fühlt,
versteht er es auch nicht anders von den Aposteln, denn daß sie aus
ihrem Hirn und eigen Verstand und nicht der Geist Gottes durch sie
geredet." —

Wie sehr das Volk seinem Prediger zugethan war, kann man sich
denken; aber auch seine Collegen erkannten, ehrten und liebten ihn
bald als den Vornehmsten unter ihnen, schreibt doch Butzer (Anfangs
Mai 1524) von ihm: „Kurz, er ist der Steuermann, welcher das
ganze Schiff unserer Kirche lenkt, und ohne den wir in der jetzigen
Lage der Dinge, nicht ohne großen Verlust sein könnten." Ja selbst
Luther schrieb an ihn aufs Freundlichste (25sten Mai 1524) „dazumal

warst du auch ein ganz anderer Mann und in der Knechtschaft des
Hofes, jetzt hingegen bist du ein Gefreiter Christi, ein Knecht und
Diener des Evangeliums, ganz mein lieber Freund, so wie ich ganz
der Deinige bin."

Capito war bereits 46 Jahre alt und noch unverehelicht. Trat er
in den Stand der Ehe, so konnte es nur geschehen, um seinen Grund=
sätzen treu zu sein, daß die Schrift über der Kirche steht und die
Kirche Niemanden etwas auferlegen darf, was Gottes Wort zuwider
ist; er ließ es daher auch geschehen, daß Butzer an eine Verwandte
des Bischofs von Basel, eine Wittwe von Berckheim schrieb, um bei
ihr anzufragen, ob sie sich entschließen könnte, die Gehilfin des Prob=
stes zu werden. Wiewohl Ottilie evangelisch gesinnt war, scheint es
doch, daß sie durch ihre Verwandtschaft zurückgehalten wurde, und so
bat Capito um die Hand der Tochter des XIII. Ulrich Röttel, Agnes,
und den 1sten August wurde die Ehe kirchlich eingesegnet. Am Ende
des Monats wurden ihm wöchentlich 3 Gulden zuerkannt, für Helfer
und Sakristan, und wegen seiner eignen Wohnung als Pfarrer wurde
er gebeten noch einstweilen etwas zu gedulden.

Wollte früher schon der Augustinerprior Treger an den evangeli=
schen Pfarrern zum Ritter werden, so war unterdessen im Monat
Juni Thomas Murner, ein sonst gelehrter Mann in's Feld getreten.
Er hatte Vorlesungen zu Gunsten der Messe angefangen; Capito
aber und seine Freunde, zu welchen seitdem Franz Lambert von
Avignon, „der wälsche Doctor" hinzugekommen war, blieben ihm
die Antwort nicht schuldig. Und als Treger eine „Vermahnung" her=
ausgab, in welcher er die „Warnung" Capito's Lügen strafen wollte,
da arbeitete dieser ein neues Werk aus, „Antwort auf Conrads
Vermahnung" (Okt. 1524) auf welche der Gegner nichts mehr zu
erwidern wußte.

Kaum war es ruhig auf dieser Seite geworden, so entstand eine
neue Unruhe; Carlstadt der mit Luther zerfallen war, war nach
Straßburg gekommen und suchte sich daselbst Jünger zu verschaffen.
„Er hat uns die Kirche in keine geringe Unruhe gebracht mit seinen
giftig bittern Schriften, mit welcher Zügellosigkeit fällt er über Lu=
ther her," schrieb im Dezember Capito über ihn an einen Freund,
und so fühlte er sich abermals veranlaßt die Feder zu ergreifen
um die Gemüther zu beschwichtigen in der Schrift: „Was man
halten und antworten soll von der Spaltung zwischen Martin Luther

und Andreas Carlstadt," und da die Geistlichkeit sich noch größten=
theils dem Ansinnen des Magistrats widersetzte, Bürger zu werden,
d. h. sich den bürgerlichen Lasten und Pflichten unterziehen, so schrieb
Capito noch im Monat Dezember ein Büchlein: „Daß die Pfaffheit
schuldig sei, bürgerlichen Eid zu thun, ohne Verletzung ihrer Ehre."

Es war überhaupt eine höchst wichtige und ernste Zeit, in welcher
es galt, das mit Gottes Wort streitende Alte fahren zu lassen, aber
auch, „vor lauter Eifer für das Evangelium nicht in Unrath zu
kommen" und Capito's einsichtsvolles Betragen dabei kann nicht ge=
nug anerkannt werden. Seine Rechtskenntnisse kamen der evangeli=
schen Kirche zu wiederholten Malen gut zu Statten, denn als die
meisten Stiftsherren die Stadt verlassen, ihre Schätze mit sich ge=
nommen und von Molsheim aus gegen Alles was geschehen bei einem
Reichsgericht zu Eßlingen protestirten (6ten Jan. 1525), da erhob
gleichfalls das Capitel von St. Thomä unter der Leitung Capito's
seine Stimme (10ten Febr. 1525), schickte mit Instructionen versehene
Gesandten nach Eßlingen (17ten Febr. 1525) und die Stiftshäuser
sollten in Lehrhäuser, Lehranstalten umgewandelt werden.

Dazwischen suchte auch Capito seiner Vaterstadt die Predigt des
Evangeliums zu bringen; den 9ten April 1525 reichte er zu Hagenau
das Abendmahl unter beiderlei Gestalt und taufte den Sonntag da=
rauf den Sohn des Buchdruckers Riehel.

Wenige Tage später hatte er einen ernsten Ritt ganz anderer Art
zu thun; den 18ten April zog er mit Butzer und Zell ins Lager der
Bauern nach Altorf, wo sie bald von Tausenden umringt waren, die
ihrem Worte aufmerksam zuhörten, und Capito forderte sie dringend
auf, richtete auch noch auf seinem Rückweg von Entzheim aus eine
schriftliche Aufforderung an sie, heimzukehren und durch Gesandte
dem Kaiser ihr Begehren vorlegen zu lassen. Einige Monate später
ließ Capito an den Rath, der sich an die verschiedenen Stifter ge=
wandt hatte, wegen besserer Einrichtung des Gottesdienstes, ein
Schreiben abgehen, in welchem er den ersten Gedanken ausspricht
von der Umwandlung des Stifts von St. Thomä in eine gelehrte
Schule, „die Stiftungen sind gewesen gelehrte Schulen, darin ge=
schickte Leute, beide zu geistlichen und weltlichen Aemtern erzogen
worden sind, und hoffen dieß werde ein Anfang sein zu solchem christ=
lichen und nützlichen Vorhaben." (8ten Juni 1525.)

Als in demselben Jahre noch der sogenannte „Abendmahlsstreit" aus=

brach zwischen Zwingli und Luther, wollten auch die Straßburger nicht zurückhalten, und sandten mit Briefen Capito's und der übrigen Pfarrer versehen, einen der ihrigen nach Wittenberg um mit Luther und den dortigen Theologen sich zu besprechen. Die Straßburger neigten sich damals mehr zur sogenannten schweizerischen Ansicht, und es kann nicht geleugnet werden, daß von beiden Seiten weniger gefehlt worden wäre, wenn alle sich Capito's Wort gemerkt hätten: „Weg mit aller Leidenschaft und aller Bitterkeit, in jeglicher Vertheidigungsschrift; Männlichkeit und christliche Weitherzigkeit sollen darin herrschen." (Brief Capito's an Oecolampad 23sten Jan. 1526.)

Nebenbei war Capito besorgt seinen Amtsgenossen zum Verständniß des Alten Testamentes behilflich zu sein, und es entstand auf solche Weise seine gelehrte Erklärung des Propheten Habakuk, welche im Jahr 1526 erschien, und das Jahr darauf die des Propheten Hoseas.

Bald nahm ihn eine andere Erscheinung in Anspruch, das Auftreten der Wiedertäufer. Urtheilte er auch anfänglich sehr gelinde über sie, nahm er sogar Martin Keller, einen dem Kerker entflohenen Wiedertäufer in sein Haus auf, so fühlte er sich doch auch, besonders nachdem sie ihre Ansicht veröffentlicht hatten, gedrungen den 2ten Juli 1527 eine „Getreue Warnung über die Artikel so Jakob Kautz, Prediger zu Worms, kürzlich hat lassen ausgehen, die Frucht der Schrift betreffend und des Gotteswortes, der Kindertauf und die Erlösung unsers Herrn Jesu Christi, sammt anderen, darin sich Hans Dunker und andere Wiedertäufer schwere Irrthümer erregen," heraus zu geben. Späterhin übte jedoch der bei ihm wohnende Martin Keller einen nicht geringen Einfluß über ihn aus, so daß Butzer den 15ten April 1528 an Zwingli schrieb: „Cellarius hat durch seinen allzulangen und vertrauten Umgang unsern Capito ganz eingenommen. — Capito hat jedoch oft betheuert, er werde sich eher alles Lehrens und Predigens enthalten, als daß er gegen uns lehre." (Butzer fügt aber auch in seinem Briefe weiter unten bei: „Der sonst so redlich fromme Mann hat seither viel an Schlaflosigkeit gelitten und er hat sonst beinahe täglich mit Unwohlseinsbeschwerden zu kämpfen, was seine Melancholie steigert und ihn beunruhigt und quält.") Capito, der ein sehr theilnehmendes Herz hatte, äußerte sich in einem späteren Briefe an Zwingli, 31sten Juli 1528, auf folgende Weise: „Mit den Vorstehern habe er nie etwas zu schaffen gehabt,

diese hätten ihn auch gemieden, wie ein Hund vor einer Schlange
flieht. Es gebe aber auch einfältige Leute die des Unterrichts bedür=
fen, „wenn man mit diesen milder verfährt und sich Zeit dazu nimmt,
so schließen sie sich uns näher an, es sind Leute die ich nicht eher
von mir stoße, als bis ich sie hartnäckig und nach langem Versuchen
verstockt finde."

Im Anfang des Jahrs 1528 hatten Capito und Butzer einer großen
Versammlung in Bern beigewohnt, in welcher beschlossen wurde die
Messe abzuschaffen, und als das Nähere darüber bekannt wurde, da
erwachte auch in der Bürgerschaft Straßburgs das Verlangen, daß
ein Gleiches unter ihr geschehe. Sie wandten sich daher an den Rath;
als aber der Bischof es vernahm, setzte er die Statthalter des Reichs
davon in Kenntniß. Diese schickten nun eine zahlreiche Gesandtschaft
nach Straßburg, der Rath möge doch nicht einwilligen, und auf die
Erklärung des Raths hin, schickte sogar der Kaiser seine Leute, um
ein Gleiches vom Rath zu begehren. Da schrieb Capito sein Büchlein
„Kurze Summe aller Lehre und Predigt so zu Straßburg gelehret
und geprediget wird," das allen Gesandten zugestellt wurde, und
auch an den Rath richtete derselbe einen freimüthigen und entschlos=
senen Brief, und das Ende war, daß die Schöffen alle, 300 an der
Zahl, aufgefordert wurden darüber zu urtheilen und am 20sten Fe=
bruar 1529 wurde abgestimmt; 94 waren der Meinung man solle noch
warten bis zu Ende des Reichstags, 184 aber begehrten, daß man sie
abthun solle, „bis daß erwiesen, daß die Messe ein gottgefälliges
Werk sei," und Straßburg war nun eine rein protestantische Stadt.

Capito bemühte sich nun den Gottesdienst auf's zweckmäßigste ein=
zurichten, und nachdem er schon im Jahr 1526 die Kinderlehre zu
Jung St. Peter angeordnet hatte, schrieb er in demselben Jahre, in
welchem Luther seinen kleinen Katechismus herausgab, einen „Kin=
derbericht und Fragstück vom Glauben" 41 Seiten stark. Fragen
und Antworten zwischen einem Unterweiser und einem Jünger
wechseln meistens in kindlichem Tone mit einander ab, zuerst über
den apostolischen Glauben, dann über das Vater Unser und zu=
letzt folgen Gebetlein und dringende Ermahnungen an die Jugend.
Die Lehre von den Sakramenten weiß Capito an die Betrachtung
des Glaubens anzuschließen; vom heiligen Abendmahl spricht er
nämlich am Schluß des zweiten Artikels und von der heiligen Taufe
beim Abschnitt von der Kirche. Gerne würden wir einzelne Fragen

und Antworten anführen, von denen manche jedoch sehr weitläufig sind und in einem Kinderbericht als zu gründlich erscheinen. Auf die Frage des Unterweisers, warum er ein Christ sei, antwortete der Jünger: „Darum, daß ich mich erkenne aus den zehn Geboten für einen Sünder, und aus der Zusage Gottes, durch Christum Jesum für ein Kind Gottes, des himmlischen Vaters." — Mit folgenden Worten endigt das Schreiben: „Wohlan zum Beschluß, wisse daß du schuldig bist deinen Eltern, als Gott dem Herrn selbst, von Herzen zu gehorsamen. Brich deinen eignen Willen; gefall dir selbst nicht; achte alle Welt besser und weiser denn dich; lobe dich selbst nicht; loben aber dich andere, so lobe du Gott, daß er etwas löbliches durch dich gethan hat; sei freundlich und dienstfertig gegen jedermann; sei weniger Wort; was du reden willst, bedenke zuvor ob es wahr, und ob es besserlich sei; schweige des Argen, rede aber das Bessere. Freue dich wo es recht und wohl zugeht, aber vor bösen Sachen hab ein Mißfallen, sei friedsam und mach Fried wo du kannst; übersieh jedermann; sei nicht rachsam, sondern befiehl Gott all' Ding. Folge dem Rath deiner Eltern, Phetter und Göttele, und sonst ehrbarer Leute. Hör gern und fleißig das Gotteswort und ergib dich also an Christum der für dich am Kreuz gestorben ist, sonst wirst du von ihm streng gerichtet werden. Fliehe böse Gesellschaft vor allen Dingen, und hör nicht zu wo leichtfertige Leute von grober Unkeuschheit, von abergläubigen Dingen oder sonst unförmlich reden. Was weiter von Nöthen, wird dich Gott wohl lehren, so er dich erwählet hat; der geleite unsere Wege nach seiner Ehre. Amen."

In demselben Jahre erkrankte er auf bedenkliche Weise, nachdem er mehrere Jahre mit öfterem Unwohlsein heimgesucht worden; kaum genesen mußte er mit Butzer nach Augsburg reisen, wo der Reichstag tagte und die evangelischen Fürsten ihr Bekenntniß einreichen wollten. Straßburgs Gesandte hatten nämlich die Augsburgische Confession nicht unterzeichnet, und die beiden Prediger arbeiteten eine eigene in 23 Artikeln aus, die den 11ten Juli überreicht wurde, nachdem sie von drei anderen Städten unterschrieben worden war (das Vier-Städte-Bekenntniß oder die Tetrapolitana). Im August kehrte Capito allein zurück, während Butzer sich noch länger in Augsburg aufhielt und auch in Coburg Luther aufsuchte der ihn mächtig anzog.

Der arme Capito mußte im folgenden Jahr seine Gattin Agnes zu Grabe tragen, mit welcher er kaum sieben Jahre in der Ehe gelebt.

Hatte sich schon früher eine gewisse Schwermuth des kränklichen Mannes bemächtigt, so nahm sie jetzt, da er allein stand, nur noch zu! Butzer glaubte daher abermals für den Freund sorgen zu müssen. Er bewog ihn zu einer Rundreise durch die Schweiz und Schwaben. Auf dieser Reise besuchte Capito gegen Ende des Jahres die Wittwe Oecolampads, Wibrandis Rosenblatt und holte sie das Jahr darauf als Gattin heim. In den letzten Tagen Dezembers erschienen in Bern, wo die Gemüther sehr aufgeregt waren und eine Synode auf den 9ten Januar 1532 zusammenberufen worden; „vom Herrn gesandt, wie mit uns Predigern die ganze Stadt freudig bezeugt, Er, der in der That und Wahrheit ein Vater geworden unserer gesammten Kirchen," wie Haller berichtet. Er wurde aufs Dringendste eingeladen bis zur Synode zu warten, und als sich am genannten Tage 220 Prediger eingefunden und der gesammte Rath, da sprach Capito „so gottes= fürchtig, und brachte Alles und Jedes, so mild und glücklich vor, daß als er schließlich davon überfloß, wie Christus und sein Reich gepredigt werden sollen, alle Anwesenden Aug und Ohr waren und zuletzt von Bewegung und Bewunderung hingerissen wurden," und als er am 13ten Januar die Synode schloß, und mit beweglichen Worten der Liebe und des Friedens, der Zucht und Vermahnung Abschied nahm von den Kirchen und den sämmtlichen Brüdern, da brachen den dreihundert versammelten Männern die Thränen aus, so daß Niemand der Rede mächtig war. Seine Reden hatten den Frieden wieder hergestellt und freudig zog er weiter. In Zürich besuchte er die verwaiste Zwingli'sche Familie, in Constanz ruhte er bei Thomas Blaurer, und seiner Schwester Margaretha, der Diaconissin Constan= zens, aus, in Schwaben bei Ambrosius Blaurer und kam zuletzt nach Augsburg, wo er durch seine Predigt über Johannes den Täufer alle zum Beifall und zur Bewunderung hinriß, und kehrte dann über Ulm und Basel zurück.

Auf der Versammlung zu Schweinfurt (Ende April 1532) wohin Butzer sich nach der Rückkehr Capitos begeben, hatten die Straßburger die Augsburgische Confession angenommen, dadurch aber die Schweizer sehr aufgebracht; Capito mußte nun auch hier beruhigend und vermit= telnd eintreten, und als auch in Straßburg man wegen der verschiede= nen Sectirer, welche hier leicht eine gastfreundliche Aufnahme fanden, beunruhigt war, und auch die politische Lage bedenklich wurde, trat auch in Straßburg (Juni 1533) eine Synode zusammen, welche

Capito mit einem herzlichen Gebet um den Geist der Wahrheit, der Einsicht und der Eintracht eröffnete. Sechzehn von Butzer und Capito verfaßte Artikel, „eine Art kurzgefaßte Confession und allgemeine Kirchenconstitution" wurde der Versammlung vorgelegt, welche 10 Tage tagte, und es wurde dadurch mancher Unordnung vorgebeugt die so leicht hätte einreißen können. Ja, das Jahr darauf faßte der Rath einen Beschluß, keine Lehre welche unserer Augsburgischen Confession zuwider, zu dulden.

Eine Krankheit und in Folge derselben eine Reise nach Wildbad, wohin ihn Zell und seine Frau begleiteten, entzogen Capito abermals eine Zeit lang seinen gelehrten und seelsorgerlichen Arbeiten; doch im Jahr 1535 finden wir ihn wieder in Basel, um die Constanzer und Schweizer zu beschwichtigen, suchte man doch in jenen Tagen die beiden evangelischen Kirchen zu vereinigen, und Capito schonte dabei keine Mühe und Anstrengung.

Als auch den 14ten März 1536 von Luther selber eine Versammlung in Eisenach vorgeschlagen wurde, um dieses Friedenswerk zu besprechen, da wollte auch Capito nicht fehlen; da Luther Krankheits halber sich nicht einfinden konnte, reisten die bereits Versammelten nach Wittenberg. Dort fanden in Luthers Wohnung selber die Verhandlungen statt, und nachdem ein jeder seine Ansicht über das Abendmahl ausgesprochen, erklärte Luther: „Würdige Herren und Brüder, wir haben nun Euer aller Antwort und Bekenntniß gehört, daß Ihr glaubt und lehrt, daß im heiligen Abendmahl der wahre Leib und das wahre Blut des Herrn gegeben und empfangen werde, und nicht allein Brod und Wein; auch daß dieß Uebergeben und Empfangen wahrhaftig geschehe, nicht imaginarie. Ihr stoßet Euch allein der Gottlosen halber; bekennet aber doch wie der heil. Paulus sagt, daß die Unwürdigen den Leib des Herrn empfahen, wo die Einsetzung und Worte des Herrn nicht verkehrt werden. Darob wollen wir nicht zanken. Weil es denn also bei uns stehet, so sind wir eins, erkennen und nehmen Euch an als unsere lieben Brüder im Herrn, so viel diesen Artikel belanget. Vom öffentlichen Ausschreiben aber dieser Concordie wollen wir hernach reden, wenn die anderen Artikel auch verhandelt sein werden. Philippus soll nun diesen Artikel in Schrift verfassen."

Und siehe nachdem Capito in Eisenach geprebigt, predigte nun auch Butzer in Wittenberg, und Alle feierten gemeinschaftlich das heilige Abendmahl! Herzlich und guter Dinge schied man, nachdem den

29sten Mai diese Concordie von Allen unterzeichnet worden, und Luther gab den Straßburgern einen freundlichen Brief an ihren Rath mit. Alles war nun freilich noch nicht gewonnen. Die Straßburger sollten die Zustimmung der oberländischen und schweizerischen Kirchen einholen, und dann wollte Luther einen allgemeinen Convent ausschreiben, um das Concordienwerk abzuschließen! Manche Kirche widersetzte sich aber der Zumuthung der Straßburger und was Luther sich vorgenommen, blieb aus. Capito aber unterließ seinerseits nichts, um wo er nur konnte, Worte des Friedens vernehmen zu lassen; so mußte er Butzer 1538 nach Zürich begleiten, woselbst sie vor den daselbst versammelten Predigern ihre Handlungsweise rechtfertigten und diese auch bewogen an Luther zu schreiben, was diesen sehr erfreute und ihn die Hoffnung aussprechen ließ „Gott werde mit der Zeit alle etwa jetzt noch im Wege liegenden Hindernisse vollends wegräumen."

Galt es auf den gedachten Synoden den Frieden zwischen Evangelischen herzustellen, so sollte Capito auch noch einmal den Fürsten und Mächtigen gegenüber die gute Sache des Evangeliums vertheidigen. Als im Jahr 1539 eine Fürstenversammlung in seiner Vaterstadt zusammenkam, da fand auch er sich ein, in der Hoffnung ein Wort für die Evangelischen reden zu können; da aber König Ferdinand merkte, daß Manche sich diesen geneigt zeigten, so vertagte er die Versammlung nach Worms auf 1540, wo die katholische Partei besser gerüstet zu sein dachte. Doch auch in Worms stellte Capito sich ein, sammt Butzer, Calvin und Joh. Sturm die daselbst mit Melanchthon Freundschaft schlossen. Auch hier ging's wie in Hagenau; die Verhandlungen wurden abgebrochen, um erst in Regensburg im folgenden Jahr (1541) fortgesetzt zu werden.

Als im August Butzer und Capito von Regensburg zurückkehrten, fanden sie die Stadt von einer Pest heimgesucht, die zahlreiche Opfer forderte; starben doch 170 Personen in einer Woche! Auch in Capito's Haus kehrte sie ein; Anfangs Oktober starb ihm eine Tochter; zwei andere nebst einem Sohne lagen darnieder, und am 22sten erkrankte auch er, der 63jährige Mann! — Eine geheime Angst ergriff seine Freunde. „Bittet, o ihr Brüder, bittet den Herrn, o bestürmet seine Zornesstrafe mit euerm Flehen. Nicht allein die Fremden, sondern auch die Unseren können gar nicht ermessen, ja nicht fühlen, was für einen unersetzlichen Verlust die Kirche an diesem

Manne erleiden würde," schrieb Butzer in jenen Tagen an Blaurer. Und am 2ten November 1541 erhielt Butzer folgendes Briefchen von Hedio: „Eben als ich die Kanzel besteigen wollte, kündigt mir der Helfer den Tod des theuren Capito an. Ich wäre beinah zusammengebrochen. War er doch ein Vater unser Aller, ein Vater der Kirche! Ich und meine Frau sitzen hier einsam zu Hause und weinen. Die Wittwe habe ich schriftlich getröstet; denn persönlich wäre ich es nicht im Stande."

Bedarf es einer Erläuterung dieses Briefchens? Wir denken nicht, und schließen mit dem Wort Hedio's mit dem er sein Brieflein schließt: „O lieber Heiland, verlaß uns nicht in den Männern, welche deine Kirche lieb haben und ihr dienen wollen!"

Einige Tage später zog ein Leichenzug nach St. Helenä und Capito's Gebeine wurden daselbst unter den Dankesthränen einer tiefgebeugten Menge dem Grabe anvertraut.

Straßburg, gedruckt bei Wittwe Berger-Levrault. — 318.